AF280990

A los queridos lectores y lectoras que me habéis acompañado
durante mis primeros 49 libros. Y también a los que hoy
leéis este quincuagésimo, que es libro y a la vez, no lo es.
Gracias por la fidelidad y ¡hasta el próximo!

¡Esto no es un libro!
de Carles Sala y Laia Pàmpols

Primera edición: febrero de 2026

© Del texto: Carles Sala, 2026
© De las ilustraciones: Laia Pàmpols, 2026

© De esta edición: La Galera, 2026
Abacus Futur, SL
Peu de la Creu, 4
08001 Barcelona

Directora editorial: Pema Maymó
Editora: Marina Llompart
Arte y diseño: Laia Serch
Edición de mesa y producción: Neus Duran

Impresión: Índice
ISBN: 978-84-246-7657-5
Depósito legal: B 23851-2025

CARLES SALA   LAIA PÀMPOLS

¡ESTO NO ES UN LIBRO!

laGalera

¡ATENCIÓN!

ESTE LIBRO MUESTRA
18 COSAS QUE PUEDES
HACER CON UN LIBRO
Y QUE NUNCA PODRÍAS
HACER CON UNA PANTALLA.

¿NO TE LO CREES?

PASA LA PÁGINA
Y LO DESCUBRIRÁS.

SERVIR BATIDOS DE CHOCOLATE A LOS AMIGOS

MIRAR EL HORIZONTE UN DÍA DE SOL

MANTENERTE EN PLENA FORMA

DEFENDERTE DE UN ATAQUE ENEMIGO

CONSEGUIR AQUELLO QUE DESEAS

PROTEGERTE DE LAS TORMENTAS DE ARENA

ENCONTRAR UN BUEN SITIO PARA VIVIR

ECHAR UNA PARTIDA A PESAR DE HABER PERDIDO LAS RAQUETAS

VER UNA OBRA DE TEATRO

HACER SEÑALES DE HUMO

PASAR MENOS CALOR EN VERANO

¡LLEGAR A DÓNDE NUNCA LLEGARÍAS!

HACER SUPERCASTILLOS DE ARENA EN LA PLAYA

¡DECORAR EL ÁRBOL DE NAVIDAD!

E INCLUSO UN LIBRO TAMBIÉN PUEDE SERVIR...

¡PARA EXPLICAR QUÉ PUEDES HACER CON UN LIBRO!